CAPE EDITIONS 31

General Editor: NATHANIEL TARN

Selected
Poems
André
Breton

Translated by Kenneth White

JONATHAN CAPE
THIRTY BEDFORD SQUARE
LONDON

These translations first published 1969
by Jonathan Cape Ltd., 30 Bedford Square, London, WC1
The poems in this collection are taken from *Poèmes*
by André Breton (Librairie Gallimard, Paris 1948)
English translation © 1969 by Jonathan Cape Ltd

S B N Paperback edition 224 61644 7
Hardback edition 224 61645 5

Printed and bound in Great Britain
by Richard Clay (The Chaucer Press), Ltd
Bungay, Suffolk

Contents

NOTE

For suggestions in the course of these translations I wish to thank M. Bernard Noël, Mr Francis Scarfe, and M. Jean Schuster.

K.W.

Selected
Poems

Forêt-noire*

                                                    Out
Tendre capsule   etc melon

Madame de Saint-Gobain trouve le temps long seule
Une côtelette se fane

                                           Relief du sort
Où   sans volets   ce pignon blanc
      Cascades
                  Les schlitteurs sont favorisés

                                      Ça souffle
Que salubre est le vent   le vent des crèmeries

                  L'auteur de l'Auberge de l'Ange Gardien
L'an dernier est tout-de-même mort
A propos

De Tubingue à ma rencontre
Se portent les jeunes Kepler Hegel
Et le bon camarade

                    * Rimbaud parle.

Black Forest*

                              Out
Tender pod   etc. melon

Madame de Saint-Gobain finds it tedious alone
A cutlet is withering

                         Contours of destiny
Where   without shutters   this white gable
     Waterfalls
                 Sled-men are favoured

                It's blowing hard
Que salubre est le vent   the wind of dairies

        The author of the Inn of the Guardian Angel
Died after all last year
Appropriately

From Tübingen come to meet me
Young Kepler and young Hegel
And the goodly comrade

                         from MONT DE PIÉTÉ, 1919

* Rimbaud talking.

Lune de miel

A quoi tiennent les inclinations réciproques? Il y a des jalousies plus touchantes les unes que les autres. La rivalité d'une femme et d'un livre, je me promène volontiers dans cette obscurité. Le doigt sur la tempe n'est pas le canon d'un revolver. Je crois que nous nous écoutions penser mais le machinal 'A rien' qui est le plus fier de nos refus n'eut pas à être prononcé de tout ce voyage de noces. Moins haut que les astres il n'y a rien à regarder fixement. Dans quelque train que ce soit, il est dangereux de se pencher par la portière. Les stations étaient clairement réparties sur un golfe. La mer qui pour l'œil humain n'est jamais si belle que le ciel ne nous quittait pas. Au fond de nos yeux se perdaient de jolis calculs orientés vers l'avenir comme ceux des murs de prisons.

Honeymoon

To what are mutual attachments due? There are jealousies each more touching than the other. The rivalry of a woman and a book – I like walking in this obscurity. The finger on the temple is not the barrel of a revolver. I think we listened to each other thinking but the mechanical 'about nothing' which is the proudest of our refusals didn't have to be pronounced even once throughout this trip. Less high than the stars there's nothing to be steadily contemplated. In any train at all it's dangerous to lean out of the window. The stations were clearly spread out along a gulf. The sea that to human eyes is never so beautiful as the sky was always with us. Pretty plans directed to the future like those of prison walls vanished in the depths of our eyes.

from LES CHAMPS MAGNÉTIQUES, 1921

Au regard des divinités

'Un peu avant minuit près du débarcadère.
'Si une femme échevelée te suit n'y prends pas garde.
'C'est l'azur. Tu n'as rien à craindre de l'azur.
'Il y aura un grand vase blond dans un arbre.
'Le clocher du village des couleurs fondues
'Te servira de point de repère. Prends ton temps,
'Souviens-toi. Le geyser brun qui lance au ciel les
    pousses de fougère
'Te salue.'

        La lettre cachetée aux trois coins d'un poisson
Passait maintenant dans la lumière des faubourgs
Comme une enseigne de dompteur.
                        Au demeurant
La belle, la victime, celle qu'on appelait
Dans le quartier la petite pyramide de réséda
Décousait pour elle seule un nuage pareil
A un sachet de pitié.

                        Plus tard l'armure blanche
Qui vaquait aux soins domestiques et autres
En prenant plus fort à son aise que jamais,
L'enfant à la coquille, celui qui devait être ...
Mais silence.
                Un brasier déjà donnait prise
En son sein à un ravissant roman de cape
Et d'épée.
                Sur le pont, à la même heure,
Ainsi la rosée à tête de chatte se berçait.
La nuit, – et les illusions seraient perdues.

14

Under Divine Eyes

'Just before midnight near the landing-stage.
'If a wild-haired woman follows you, take no notice.
'It is the azure sky. From the azure you have nothing
    to fear.
'There will be a great blond vase in a tree.
'The steeple of the village of blended colours
'Will be your landmark. Take your time,
'Remember. The brown geyser that tosses the fern
    shoots into the sky
'Salutes you.'

      The letter sealed with a fish in three corners
Passed now in the light of the suburbs
Like a lion-tamer's sign.
            Meanwhile
The beautiful girl, the victim, she whom they called
In the quarter the little pyramid of mignonette
Unstitched for her own delight a cloud
Like a sachet of pity.

        Later the white armour
That performed the domestic duties and others
Taking things more easy than ever,
The child in the shell, the one who was to be ...
But silence.
      Already a brazier in her breast
Laid itself open to an entrancing
Cloak-and-dagger tale.
        On the bridge, at the self-same hour,
So the cat's-head dew was rocking.
Night, – and illusions would be lost.

Voici les Pères blancs qui reviennent de vêpres
Avec l'immense clé pendue au-dessus d'eux.
Voici les hérauts gris; enfin voici sa lettre
Ou sa lèvre : mon cœur est un coucou pour Dieu.

Mais le temps qu'elle parle, il ne reste qu'un mur
Battant dans un tombeau comme une voile bise.
L'éternité recherche une montre-bracelet
Un peu avant minuit près du débarcadère.

Here are the White Fathers coming back from vespers
With the huge key suspended above them.
Here are the grey heralds; here finally her letter
Or her lips: my heart is a coo-coo for God.

But as she speaks, only a wall remains
Flapping in a tomb like an unbleached sail
Eternity's looking for a wristlet watch
Just before midnight near the landing-stage.

from CLAIR DE TERRE, 1923

Plutôt la vie

A Philippe Soupault

Plutôt la vie que ces prismes sans épaisseur même si
  les couleurs sont plus pures
Plutôt que cette heure toujours couverte que ces
  terribles voitures de flammes froides
Que ces pierres blettes
Plutôt ce cœur à cran d'arrêt
Que cette mare aux murmures
Et que cette étoffe blanche qui chante à la fois dans
  l'air et dans la terre
Que cette bénédiction nuptiale qui joint mon front à
  celui de la vanité totale
                    Plutôt la vie

Plutôt la vie avec ses draps conjuratoires
Ses cicatrices d'évasions
Plutôt la vie plutôt cette rosace sur ma tombe
La vie de la présence rien que de la présence
Où une voix dit Es-tu là où une autre répond Es-tu là
Je n'y suis guère hélas
Et pourtant quand nous ferions le jeu de ce que nous
  faisons mourir
                    Plutôt la vie

Plutôt la vie plutôt la vie Enfance vénérable
Le ruban qui part d'un fakir
Ressemble à la glissière du monde
Le soleil a beau n'être qu'une épave
Pour peu que le corps de la femme lui ressemble
Tu songes en contemplant la trajectoire tout du long

Rather Life

For Philippe Soupault

Rather life than those prisms without depth even if
    the colours are purer
Rather than that always clouded hour those terrible
    wagons of cold flame
Than those soft stones
Rather this triggered heart
Than that murmuring mere
And that white cloth singing in the air and in the
    earth
That nuptial blessing linking my brow to the brow of
    absolute vanity
                  Rather life

Rather life with its conspiring sheets
Its escape scars
Rather life rather this rose-window on my grave
The life of presence nothing but presence
Where a voice says Are you there where another
    answers Are you there
I am very little there alas
And yet even if we play into the hands of what we
    cause to die
                  Rather life

Rather life rather life venerable Childhood
The ribbon that rolls from a fakir
Resembles the slipway of the world
What matter if the sun is only a wreck
So long as the body of a woman resembles it
You dream in contemplation of the entire orbit

Ou seulement en fermant les yeux sur l'orage adorable
   qui a nom ta main
                    Plutôt la vie

Plutôt la vie avec ses salons d'attente
Lorsqu'on sait qu'on ne sera jamais introduit
Plutôt la vie que ces établissements thermaux
Où le service est fait par des colliers
Plutôt la vie défavorable et longue
Quand les livres se refermeraient ici sur des rayons
   moins doux
Et quand là-bas il ferait mieux que meilleur il ferait
   libre oui
                    Plutôt la vie

Plutôt la vie comme fond de dédain
A cette tête suffisamment belle
Comme l'antidote de cette perfection qu'elle appelle
   et qu'elle craint
La vie le fard de Dieu
La vie comme un passeport vierge
Une petite ville comme Pont-à-Mousson
Et comme tout s'est déjà dit
                    Plutôt la vie

Or only closing your eyes on the adorable storm
    called your hand
                    Rather life

Rather life with its waiting rooms
When one knows one will never be admitted
Rather life than those thermal baths
Where the service is provided by fritillaries
Rather life unfavourable and long
Even if here the books were to close on less amenable
    shelves
And if over there the weather were better than best
    a weather of liberty yes
                    Rather life

Rather life as a background of scorn
To that head lovely enough
Like the antidote to that perfection it demands and
    fears
Life the cosmetic of God
Life like a virgin passport
A little town like Pont-à-Mousson
And since words have become over-rife
                    Rather life

                    from CLAIR DE TERRE, 1923

L'aigrette

Si seulement il faisait du soleil cette nuit
Si dans le fond de l'Opéra deux seins miroitants et
    clairs
Composaient pour le mot amour la plus merveilleuse
    lettrine vivante
Si le pavé de bois s'entr'ouvrait sur la cîme des
    montagnes
Si l'hermine regardait d'un air suppliant
Le prêtre à bandeaux rouges
Qui revient du bagne en comptant les voitures fermées
Si l'écho luxueux des rivières que je tourmente
Ne jetait que mon corps aux herbes de Paris
Que ne grêle-t-il à l'intérieur des magasins de bijouterie
Au moins le printemps ne me ferait plus peur
Si seulement j'étais une racine de l'arbre du ciel
Enfin le bien dans la canne à sucre de l'air
Si l'on faisait la courte échelle aux femmes
Que vois-tu belle silencieuse
Sous l'arc de triomphe du Carrousel
Si le plaisir dirigeait sous l'aspect d'une passante
    éternelle
Les Chambres n'étant plus sillonnées que par l'œillade
    violette des promenoirs
Que ne donnerais-je pour qu'un bras de la Seine se
    glissât sous le Matin
Qui est de toute façon perdu
Je ne suis pas résigné non plus aux salles caressantes
Où sonne le téléphone des amendes du soir

Egret

If only the sun were shining tonight
If only in the depths of the Opera two breasts
  dazzling clear
Would ornament the word love with the most
  marvellous living letter
If the wooden pavement opened out on to the
  mountain crest
If the ermine cast a pleading look
At the priest with the red bands
Coming back from the bagnios counting the closed
  carriages
If the luxurious echo of the rivers I torment
Only threw my body to the grasses of Paris
Why doesn't it hail in the jewelry shops
At least the spring would no longer frighten me
If only I were a root of the tree of the sky
Or the goodness in the sugar-cane of the air
If we let women climb on our hands
What do you see, you so beautiful and silent
Beneath the Carrousel arch of triumph
If pleasure in the shape of an eternally passing woman
  led the way
The Chambers being no longer crossed except by the
  violet glance of the covered walks
What would I not give for an arm of the Seine to slip
  below the Morning
Which in any case is lost
I am not resigned either to the caressing halls
Where the telephone of evening penalties rings

En partant j'ai mis le feu à une mèche de cheveux qui
    est celle d'une bombe
Et la mèche de cheveux creuse un tunnel sous Paris
Si seulement mon train entrait dans ce tunnel

On leaving I set fire to a lock of hair which was the
   fuse of a bomb
And the lock of hair is hollowing out a tunnel under
   Paris
If only my train could enter that tunnel

from CLAIR DE TERRE, 1923

Tournesol

A Pierre Reverdy

La voyageuse qui tracersa les Halles à la tombée de
l'été
Marchait sur la pointe des pieds
Le désespoir roulait au ciel ses grands arums si beaux
Et dans le sac à main il y avait mon rêve ce flacon de
sels
Que seule a respirés la marraine de Dieu
Les torpeurs se déployaient comme la buée
Au Chien qui fume
Où venaient d'entrer le pour et le contre
La jeune femme ne pouvait être vue d'eux que mal et
de biais
Avais-je affaire à l'ambassadrice du salpêtre
Ou de la courbe blanche sur fond noir que nous
appelons pensée
Le bal des innocents battait son plein
Les lampions prenaient feu lentement dans les
marronniers
La dame sans ombre s'agenouilla sur le Pont-au-
Change
Rue Gît-le-Cœur les timbres n'étaient plus les mêmes
Les promesses des nuits étaient enfin tenues
Les pigeons voyageurs les baisers de secours
Se joignaient aux seins de la belle inconnue
Dardés sous le crêpe des significations parfaites
Une ferme prospérait en plein Paris
Et ses fenêtres donnaient sur la voie lactée
Mais personne ne l'habitait encore à cause des
survenants

26

Sunflower

For Pierre Reverdy

The travelling woman who crossed Les Halles at
    summer's fall
Walked on tiptoe
In the sky despair was whirling its great and lovely
    arums
And in the handbag was my dream that phial of salts
Only God's godmother has breathed
Languor spread like vapour
In the café of the *Chien qui fume*
Where the pros and cons had just entered
The young woman could be seen by them only with
    difficulty and aslant
Was I dealing with the ambassadress of saltpetre
Or of the white curve on the black ground we call
    thought
The innocents' ball was in full swing
The lanterns caught fire slowly among the chestnut
    trees
The shadowless lady knelt on the Pont-au-Change
The bells in the Rue Gît-le-Cœur no longer sounded
    the same
The promises of the night were kept at last
The carrier-pigeons the emergency kisses
Mingled with the lovely stranger's breasts
Spearing the silk of perfect meanings
A farm was doing well in the heart of Paris
And its windows looked on to the Milky Way
But no one lived there yet because of unexpected
    guests

Des survenants qu'on sait plus dévoués que les revenants
Les uns comme cette femme ont l'air de nager
Et dans l'amour il entre un peu de leur substance
Elle les intériorise
Je ne suis le jouet d'aucune puissance sensorielle
Et pourtant le grillon qui chantait dans les cheveux de cendre
Un soir près de la statue d'Étienne Marcel
M'a jeté un coup d'œil d'intelligence
André Breton a-t-il dit passe

Chance-comers known to be more devoted than
  ghosts
Some like that woman seem to swim
And in love there enters a little of their substance
She embodies them
I am the plaything of no sensory power
And yet the cricket singing in the cindery hair
One evening by the statue of Étienne Marcel
Winked at me knowingly
Saying: André Breton, pass in

from CLAIR DE TERRE, 1923

L'union libre

Ma femme à la chevelure de feu de bois
Aux pensées d'éclairs de chaleur
A la taille de sablier
Ma femme à la taille de loutre entre les dents du tigre
Ma femme à la bouche de cocarde et de bouquet
    d'étoiles de dernière grandeur
Aux dents d'empreintes de souris blanche sur la terre
    blanche
A la langue d'ambre et de verre frottés
Ma femme à la langue d'hostie poignardée
A la langue de poupée qui ouvre et ferme les yeux
A la langue de pierre incroyable
Ma femme aux cils de bâtons d'écriture d'enfant
Aux sourcils de bord de nid d'hirondelle
Ma femme aux tempes d'ardoise de toit de serre
Et de buée aux vitres
Ma femme aux épaules de champagne
Et de fontaine à têtes de dauphins sous la glace
Ma femme aux poignets d'allumettes
Ma femme aux doigts de hasard et d'as de cœur
Aux doigts de foin coupé
Ma femme aux aisselles de martre et de fênes
De nuit de la Saint-Jean
De troène et de nid de scalares
Aux bras d'écume de mer et d'écluse
Et de mélange du blé et du moulin
Ma femme aux jambes de fusée

Free Union

My wife with the woodfire hair
With the heat lightning thoughts
And the hourglass waist
My wife with the waist of an otter in the tiger's jaws
My wife with the mouth of cockade and clustering
    maximal stars
With teeth like the spoor of white mice on white
    earth
With a tongue of rubbed amber and glass
With a tongue like a daggered host
The tongue of a doll whose eyes open and close
A tongue of unbelievable stone
My wife with eyelashes like the strokes of childish
    writing
With eyebrows like the rim of a swallow's nest
My wife with the temples of slate on a glasshouse roof
And steam on windows
My wife with the champagne shoulders
Like a dolphin-headed fountain under ice
My wife with the matchstick wrists
My wife with the fingers of chance and the ace of
    hearts
With the fingers of new-mown hay
My wife with the armpits of marten and beechnut
And Midsummer Night
Of privet and wentletrap nests
With the arms of sea-surf and mill-dam foam
And of wheat and mill mixed
My wife with the spindle legs

Aux mouvements d'horlogerie et de désespoir
Ma femme aux mollets de moelle de sureau
Ma femme aux pieds d'initiales
Aux pieds de trousseaux de clés aux pieds de calfats
    qui boivent
Ma femme au cou d'orge imperlé
Ma femme à la gorge de Val d'or
De rendez-vous dans le lit même du torrent
Aux seins de nuit
Ma femme aux seins de taupinière marine
Ma femme aux seins de creuset du rubis
Aux seins de spectre de la rose sous la rosée
Ma femme au ventre de dépliement d'éventail des
    jours
Au ventre de griffe géante
Ma femme au dos d'oiseau qui fuit vertical
Au dos de vif-argent
Au dos de lumière
A la nuque de pierre roulée et de craie mouillée
Et de chute d'un verre dans lequel on vient de boire
Ma femme aux hanches de nacelle
Aux hanches de lustre et de pennes de flèche
Et de tiges de plumes de paon blanc
De balance insensible
Ma femme aux fesses de grès et d'amiante
Ma femme aux fesses de dos de cygne
Ma femme aux fesses de printemps
Au sexe de glaïeul
Ma femme au sexe de placer et d'ornithorynque
Ma femme au sexe d'algue et de bonbons anciens
Ma femme au sexe de miroir
Ma femme aux yeux pleins de larmes
Aux yeux de panoplie violette et d'aiguille aimantée
Ma femme aux yeux de savane

Moving like clockwork and despair
My wife with the calves of elder pith
My wife with the feet of initials
With the feet of key-bunches with the feet of drinking
   caulkers
My wife whose neck is pearl barley
Whose throat is a golden dale
With rendez-vous in the very bed of the torrent
With the breasts of night
My wife with the breasts of marine molehills
My wife with the ruby crucible breasts
With breasts like the ghost of a rose under dew
My wife with a belly like the unfolding fan of the
   days
A belly like a giant claw
My wife with back like a bird in vertical flight
With back of quicksilver
Back of light
With a nape of rolled stone and moist chalk
And the fall of a glass just drained
My wife with the skiff hips
Hips of chandelier and arrow feathers
Hips of the ribs of white peacock plumes
And imperceptibly swinging scales
My wife with the buttocks of sandstone and mountain
   flax
My wife with the swan's back buttocks
My wife with the springtime buttocks
And gladiolus sex
My wife with the placer and water-mole sex
My wife with sex of seaweed and stale sweets
My wife with mirror sex
My wife with eyes full of tears
With eyes of violet panoply and magnetic needle
My wife with savannah eyes

Ma femme aux yeux d'eau pour boire en prison
Ma femme aux yeux de bois toujours sous la hache
Aux yeux de niveau d'eau de niveau d'air de terre et
  de feu

My wife with eyes of water to drink in prison
My wife with eyes of wood always under the axe
With eyes of water level air level the level of earth
    and fire

from L'UNION LIBRE, 1931

La mort rose

Les pieuvres ailées guideront une dernière fois la
   barque dont les voiles sont faites de ce seul jour
   heure par heure
C'est la veillée unique après quoi tu sentiras monter
   dans tes cheveux le soleil blanc et noir
Des cachots suintera une liqueur plus forte que la mort
Quand on la contemple du haut d'un précipice
Les comètes s'appuieront tendrement aux forêts avant
   de les foudroyer
Et tout passera dans l'amour indivisible
Si jamais le motif des fleuves disparaît
Avant qu'il fasse complètement nuit tu observeras
La grande pause de l'argent
Sur un pêcher en fleurs apparaîtront les mains
Qui écrivirent ces vers et qui seront des fuseaux
   d'argent
Elles aussi et aussi des hirondelles d'argent sur le
   métier de la pluie
Tu verras l'horizon s'entr'ouvrir et c'en sera fini tout
   à coup du baiser de l'espace
Mais la peur n'existera déjà plus et les carreaux du
   ciel et de la mer
Voleront au vent plus fort que nous
Que ferai-je du tremblement de ta voix
Souris valseuse autour du seul lustre qui ne tombera
   pas
Treuil du temps
Je monterai les cœurs des hommes
Pour une suprême lapidation
Ma faim tournoiera comme un diamant trop taillé

36

Rosy death

The winged octopuses will guide for the last time the
   ship whose sails are made of this day hour by hour
It is the unique watch after which you will feel the
   white and black sun rising in your hair
From the cells will ooze a liqueur stronger than death
As contemplated from the heights of a precipice
The comets will lean tenderly on the forests before
   smashing them down
And all will pass into the indivisible love
If ever the motif of rivers disappears
Before it is completely dark you will see
The great pause of silver
On a peach tree in blossom will appear the hands
That wrote these lines and they also will be spindles
   of silver
Also swallows of silver on the loom of the rain
You will see the horizon opening and suddenly the
   kiss of space will have come to an end
But fear will already have ceased to exist and the
   windows of the sky and the sea
Will fly in the wind that is stronger than us
What shall I do with the trembling of your voice
Mouse waltzing around the only candelabra that will
   not fall
Windlass of time
I shall walk up the hearts of men
For a supreme lapidation
My hunger will spin like an overcut diamond

Elle nattera les cheveux de son enfant le feu
Silence et vie
Mais les noms des amants seront oubliés
Comme l'adonide goutte de sang
Dans la lumière folle
Demain tu mentiras à ta propre jeunesse
A ta grande jeunesse luciole
Les échos mouleront seuls tous ces lieux qui furent
Et dans l'infinie végétation transparente
Tu te promèneras avec la vitesse
Qui commande aux bêtes des bois
Mon épave peut-être tu t'y égratigneras
Sans la voir comme on se jette sur une arme flottante
C'est que j'appartiendrai au vide semblable aux
    marches
D'un escalier dont le mouvement s'appelle *bien en
    peine*
A toi les parfums dès lors les parfums défendus
L'angélique
Sous la mousse creuse et sous tes pas qui n'en sont pas
Mes rêves seront formels et vains comme le bruit de
    paupières de l'eau dans l'ombre
Je m'introduirai dans les tiens pour y sonder la
    profondeur de tes larmes
Mes appels te laisseront doucement incertaine
Et dans le train fait de tortues de glace
Tu n'auras pas à tirer le signal d'alarme
Tu arriveras seule sur cette plage perdue
Où une étoile descendra sur tes bagages de sable

It will pleat the hair of its child which is fire
Silence and life
But the names of the lovers will be forgotten
Like the Clifton Blue butterfly
In the crazy light
Tomorrow you will lie to your own youth
To your great firefly youth
Only the echos will mould all those places that were
And in the infinite transparent vegetation
You will walk with the speed
Of the animals in the wood
My wreck perhaps you will scratch yourself against it
Without seeing it as one throws oneself on a floating
    weapon
For I shall belong to an emptiness like steps
On a stairway whose movement is called in great
    sorrow
For you then at once the perfumes the forbidden
    perfumes
Angelica
Under the hollow moss and under your steps that are
    not steps
My dreams will be formal and in vain like the noise
    of eyelids made by water in shadow
I shall enter into yours to sound the depth of your
    tears
My calls will leave you quietly uncertain
And in the train made of tortoises of ice
You will not have to pull the communication cord
You will arrive alone on that lost beach
Where a star will descend on your luggage of sand

from LE REVOLVER À CHEVEUX BLANCS, 1932

Sur la route qui monte et descend

Dites-moi où s'arrêtera la flamme
Existe-t-il un signalement des flammes
Celle-ci corne à peine le papier
Elle se cache dans les fleurs et rien ne l'alimente
Mais on voit dans les yeux et l'on ne sait pas non plus
    ce qu'on voit dans les yeux
Puisqu'ils vous voient
Une statue est agenouillée sur la mer mais
Ce n'est plus la mer
Les phares se dressent maintenant dans la ville
Ils barrent la route aux blocs merveilleux de glace et
    de chair
Qui précipitaient dans l'arène leurs innombrables
    chars
La poussière endort les femmes en habits de reines
Et la flamme court toujours
C'est une fraise de dentelle au cou d'un jeune seigneur
C'est l'imperceptible sonnerie d'une cloche de paille
    dans la maison d'un poète ou de quelque autre
    vaurien
C'est l'hémisphère boréal tout entier
Avec ses lampes suspendues ses pendules qui se posent
C'est ce qui monte du précipice à l'heure du rendez-
    vous
Les cœurs sont les rames légères de cet océan perdu
Lorsque les signaux tournent au bord des voies avec
    un bruit sec
Qui ressemble à ce craquement spécial sous les pas des
    prêtres

On the Road that goes Up and Down

Tell me where the flame will stop
Is there an official description of flames
This one hardly nicks the edge of the paper
It lurks in the flowers and nothing feeds it
But you can see in the eyes and yet you don't know
    what you see in the eyes
For they see you
A statue is kneeling on the sea but
It's no longer the sea
The lighthouses rise up in the city now
Barring the way against the marvellous blocks of ice
    and flesh
That hurled into the arena their countless chariots
The dust puts the queenly-robed women to sleep
And the flame still runs
It's a lace-ruff at the neck of a young nobleman
It's the faint ringing of a bell of straw in the house of
    a poet or some other wastrel
It's the whole of the boreal hemisphere
With its hanging lamps its settling clocks
It's what rises from the abyss for lovers at the hour
    of meeting
Hearts are the light oars of this lost ocean
When the signals change at the side of the tracks with
    a sharp click
Like that special squeak that comes from under the
    steps of priests

Il n'y a plus d'actrice en tournée dans les wagons
blanc et or
Qui la tête à la portière justement des pensées d'eau
très grandes couvrent les mares
Ne s'attende à ce que la flamme lui confère l'oubli
définitif de son rôle
Les étiquettes effacées des bouteilles vertes parlent
encore de châteaux
Mais ces châteaux sont déserts à l'exception d'une
chevelure vivante
Château-Ausone
Et cette chevelure qui ne s'attarde point à se défaire
Flotte sur l'air méduse C'est la flamme
Elle tourne maintenant autour d'une croix
Méfiez-vous elle profanerait votre tombe
Sous terre la méduse est encore chez elle
Et la flamme aux ailes de colombe n'escorte que les
voyageurs en danger
Elle fausse compagnie aux amants dès qu'ils sont deux
à être seuls
Où va-t-elle je vois se briser les glaces de Venise aux
approches de Venise
Je vois s'ouvrir des fenêtres détachées de toute espèce
de mur sur un chantier
Là des ouvriers nus font le bronze plus clair
Ce sont des tyrans trop doux pour que contre eux se
soulèvent les pierres
Ils ont des bracelets aux pieds qui sont faits de ces
pierres
Les parfums gravitent autour d'eux étoile de la myrrhe
terre du foin
Ils connaissent les pays pluvieux dévoilés par les
perles
Un collier de perles fait un moment paraître grise la
flamme

No actress now on tour in the white and golden
    carriages
Her head at the window yes very wide water-thoughts
    cover the pools
But expects the flame to grant her complete oblivion
    of her role
The faded labels on the green bottles still speak of
    castles
But these castles are deserted except for a living head
    of hair
Château-Ausone
And this head of hair that soon falls loose
Floats on the air medusa It's the flame
Now it's turning round a cross
Watch out it would desecrate your tomb
Underground the medusa is still at home
And the dove-winged flame escorts only travellers in
    peril
Abandoning lovers as soon as they're only a double
    solitude
Where is it going I see the Venetian mirrors shatter
    as Venice draws near
I see windows separate from any kind of wall opening
    out on to a work-site
Where naked workers burnish bronze
They are tyrants too gentle for the stones to rise up
    against them
They wear anklets made of these stones
Perfumes gravitate around them star of myrrh earth
    of hay
They know the rainlands revealed by pearls
A necklet of pearls makes the flame for a moment
    appear grey

Mais aussitôt une couronne de flammes s'incorpore les perles immortelles
A la naissance d'un bois qui doit sauver de la destruction les seules essences des plantes
Prennent part un homme et tout en haut d'une rampe d'escalier de fougère
Plusieurs femmes groupées sur les dernières marches
Elles ouvrent et ferment les yeux comme les poupées
L'homme que je ne suis plus cravache alors la dernière bête blanche
Qui s'évanouit dans la brume du matin
Sa volonté sera-t-elle faite
Dans le premier berceau de feuillage la flamme tombe comme un hochet
Sous ses yeux on jette le filet des racines
Un couvert d'argent sur une toile d'araignée
Mais la flamme elle ne saurait reprendre haleine
Malheur à une flamme qui reprendrait haleine
Je pense à une flamme barbare
Comme celle qui passant dans ce restaurant de nuit brûle aux doigts des femmes les éventails
Comme celle qui marche à toute heure sur ma trace
Et luit à la tombée des feuilles dans chaque feuille qui tombe
Flamme d'eau guide-moi jusqu'à la mer de feu

But immediately a crown of flames embodies the
    immortal pearls
In the birth of a wood which is to save from
    destruction only the essences of plants
Take part a man and at the top of a baluster of fern
Several women grouped on the last steps
Opening and closing their eyes like dolls
The man I am no longer then flogs the last white beast
That vanishes into the morning mist
Shall his will be done
In the first cradle of foliage the flame falls like a
    baby's rattle
Before its eyes is thrown the net of roots
Silver cutlery on a spider's web
But the flame cannot recover its breath
Woe to a flame that could recover its breath
I think of a barbarous flame
Like the one which passing through the night-
    restaurant burns the fans from the women's fingers
Like the one that is always on my tracks
And gleams at the fall of leaves in every leaf that
    falls
Flame of water guide me to the sea of fire

from LE REVOLVER À CHEVEUX BLANCS, 1932

Les attitudes spectrales

Je n'attache aucune importance à la vie
Je n'épingle pas le moindre papillon de vie à
    l'importance
Je n'importe pas à la vie
Mais les rameaux du sel les rameaux blancs
Toutes les bulles d'ombre
Et les anémones de mer
Descendent et respirent à l'intérieur de ma pensée
Ils viennent des pleurs que je ne verse pas
Des pas que je ne fais pas qui sont deux fois des pas
Et dont le sable se souvient à la marée montante
Les barreaux sont à l'intérieur de la cage
Et les oiseaux viennent de très haut chanter devant ces
    barreaux
Un passage souterrain unit tous les parfums
Un jour une femme s'y engagea
Cette femme devint si brillante que je ne pus la voir
De ces yeux qui m'ont vu moi-même brûler
J'avais déjà cet âge que j'ai
Et je veillais sur moi sur ma pensée comme un gardien
    de nuit dans une immense fabrique
Seul gardien
Le rond-point enchantait toujours les mêmes
    tramways
Les figures de plâtre n'avaient rien perdu de leur
    expression
Elles mardaient la figue du sourire
Je connais une draperie dans une ville disparue
S'il me plaisait de vous apparaître vêtu de cette
    draperie

46

Spectral attitudes

I attach no importance to life
I do not pin the least butterfly of life on importance
I am of no importance to life
But the branches of salt the white branches
All the bubbles of shadow
And the sea anemones
Go down and breathe inside my thought
They come from the tears I do not shed
From the steps I do not take which are steps twice
    over
And which the sand remembers at the rising tide
The bars are inside the cage
And the birds come from very high up to sing in front
    of these bars
An underground passage connects one perfume to
    another
One day a woman went into it
That woman became so dazzling I could not see her
With these eyes which have seen my own self burning
I was already the age I am now
And I watched over myself over my thought like a
    night-watchman in a huge factory
The only watchman
The roundabout always enchanted the same trams
The plaster figures had lost nothing of their
    expressions
They sank their teeth in the fig of smiling
I know a garment in a vanished town
If I cared to appear to you robed in this garment

Vous croiriez à l'approche de votre fin
Comme à la mienne
Enfin les fontaines comprendraient qu'il ne faut pas
    dire Fontaine
On attire les loups avec les miroirs de neige
Je possède une barque détachée de tous les climats
Je suis entraîné par une banquise aux dents de flamme
Je coupe et je fends le bois de cet arbre qui sera
    toujours vert
Un musicien se prend dans les cordes de son instru-
    ment
Le Pavillon Noir du temps d'aucune histoire d'enfance
Aborde un vaisseau qui n'est encore que le fantôme du
    sien
Il y a peut-être une garde à cette épée
Mais dans cette garde il y a déjà un duel
Au cours duquel les deux adversaires se désarment
Le mort est le moins offensé
L'avenir n'est jamais

Les rideaux qui n'ont jamais été levés
Flottent aux fenêtres des maisons qu'on construira
Les lits faits de tous les lys
Glissent sous les lampes de rosée
Un soir viendra
Les pépites de lumière s'immobilisent sous la mousse
    bleue
Les mains qui font et défont les nœuds de l'amour et
    de l'air
Gardent toute leur transparence pour ceux qui voient
Ils voient les palmes sur les mains
Les couronnes dans les yeux
Mais le brasier des couronnes et des palmes

You would think your end had come
And mine too
At last the fountains would understand they must not
    say Fountain
Wolves are lured with mirrors of snow
I own a boat detached from all climates
I am carried away by an ice-pack with teeth of flame
I cut and split the wood of this tree that will always
    be green
A musician gets entangled in the strings of his
    instrument
The Black Flag belonging to the time of no children's
    tale
Accosts a vessel which as yet is only the ghost of its
    own
There is perhaps a hilt to this sword
But in this hilt there is already a duel
In the course of which the two adversaries disarm
    each other
The dead man is the least offended
The future is never

The curtains that have never been raised
Wave at the windows of houses that will be built
    some day
The beds made of all lilies
Slip under the lamps of dew
An evening will come
The nuggets of light come to rest under the blue moss
The hands that do and undo the knots of love and air
Retain all their transparency for those who can see
They see the palms on the hands
The crowns in the eyes
But the brazier of crowns and palms

D

S'allume ne fait à peine que s'allumer au plus profond
de la forêt
Là où les cerfs mirent en penchant la tête les années
On n'entend encore qu'un faible battement
D'où procèdent mille bruits plus légers ou plus sourds
Et ce battement se perpétue
Il y a des robes qui vibrent
Et leur vibration est à l'unisson de ce battement
Mais quand je veux voir le visage de celles qui les
portent
Un grand brouillard se lève de terre
Au bas des clochers derrière les plus élégants réservoirs
de vie et de richesse
Dans les gorges qui s'obscurcissent entre deux
montagnes
Sur la mer à l'heure où le soleil fraîchit
Les êtres qui me font signe sont séparés par des étoiles
Et pourtant la voiture lancée au grand galop
Emporte jusqu'à ma dernière hésitation
Qui m'attend là-bas dans la ville où les statues de
bronze et de pierre ont changé de place avec les
statues de cire
Banians banians

Lights up hardly does more than light up in the heart
    of the forest
Where the stags with bowed heads gaze upon the
    years
Only a feeble beat can now be heard
From which proceed a thousand noises lighter or
    duller
And this beat continues
There are dresses that vibrate
And their vibration is at one with this beat
But when I wish to see the faces of those who wear
    them
A great mist rises from the earth
At the foot of steeples behind the most elegant
    reservoirs of life and riches
In the gorges that grow darker between two moun-
    tains
On sea at the hour when the sun freshens
The beings that make signs to me are separated by
    stars
And yet the carriage hurling forward at full gallop
Carries away even my last hesitation
Who awaits me over there in the town where the
    statues of bronze and stone have changed place
    with the statues of wax
Banyan Banyan

from LE REVOLVER À CHEVEUX BLANCS, 1932

Hôtel des étincelles

Le papillon philosophique
Se pose sur l'étoile rose
Et cela fait une fenêtre de l'enfer
L'homme masqué est toujours debout devant la femme
    nue
Dont les cheveux glissent comme au matin la lumière
    sur un réverbère qu'on a oublié d'éteindre
Les meubles savants entraînent la pièce qui jongle
Avec ses rosaces
Ses rayons de soleil circulaires
Ses moulages de verre
A l'intérieur desquels bleuit un ciel au compas
En souvenir de la poitrine inimitable
Maintenant le nuage d'un jardin passe par-dessus la
    tête de l'homme qui vient de s'asseoir
Il coupe en deux la femme au buste de magie aux
    yeux de Parme
C'est l'heure où l'ours boréal au grand air d'intelligence
S'étire et compte un jour
De l'autre côté la pluie se cabre sur les boulevards
    d'une grande ville
La pluie dans le brouillard avec des traînées de soleil
    sur des fleurs rouges
La pluie et le diabolo des temps anciens
Les jambes sous le nuage fruitier font le tour de la
    serre
On n'aperçoit plus qu'une main très blanche le pouls
    est figuré par deux minuscules ailes
Le balancier de l'absence oscille entre les quatre murs

The Hotel of Flashes

The philosophical butterfly
Alights on the rosy star
And that makes a window in hell
The masked man is still standing in front of the naked
    woman
Whose hair glides like in the morning the light on a
    streetlamp that has not been extinguished
The learned furniture urges on the room that juggles
With its rose-windows
Its circular sunbeams
Its glass mouldings
Within which a geometric sky is turning blue
In memory of the inimitable breast
Now the cloud of a garden passes over the head of the
    man who has just sat down
And is cutting in two the woman with the bust of
    magic and the Parma eyes
It is the hour when the polar bear with the highly
    intelligent look
Stretches himself and counts a day
On the other side the rain rears up on the boulevards
    of a big city
Rain in fog with trails of sunlight on red flowers
Rain and the diabolo of bygone times
The legs under the cloud of fruit take a turn round
    the glasshouse
All you can see now is a very white hand its pulse
    marked by two tiny wings
The pendulum of absence swings between the four
    walls

Fendant les têtes
D'où s'échappent des bandes de rois qui se font
aussitôt la guerre
Jusqu'à ce que l'éclipse orientale
Turquoise au fond des tasses
Découvre le lit équilatéral aux draps couleur de ces
fleurs dites boules de neige
Les guéridons charmants les rideaux lacérés
A portée d'un petit livre griffé de ces mots *Pas de
lendemain*
Dont l'auteur porte un nom bizarre
Dans l'obscure signalisation terrestre

Cleaving heads
From which escape bands of kings who immediately
make war on one another
Until turquoise at the bottom of the cups
The oriental eclipse
Reveals the equilateral bed whose sheets are the
colour of guelder-roses
The charming side-table the torn curtains
Close to a little book scrawled with these words *No
Tomorrow*
Whose author bears a curious name
In the obscure codes of the earth

from LE REVOLVER À CHEVEUX BLANCS, 1932

Les écrits s'en vont

Le satin des pages qu'on tourne dans les livres moule
    une femme si belle
Que lorsqu'on ne lit pas on contemple cette femme
    avec tristesse
Sans oser lui parler sans oser lui dire qu'elle est si belle
Que ce qu'on va savoir n'a pas de prix
Cette femme passe imperceptiblement dans un bruit
    de fleurs
Parfois elle se retourne dans les saisons imprimées
Et demande l'heure ou bien encore elle fait mine de
    regarder des bijoux bien en face
Comme les créatures réelles ne font pas
Et le monde se meurt une rupture se produit dans les
    anneaux d'air
Un accroc à l'endroit du cœur
Les journaux du matin apportent des chanteuses dont
    la voix a la couleur du sable sur des rivages tendres
    et dangereux
Et parfois ceux du soir livrent passage à de toutes
    jeunes filles qui mènent des bêtes enchaînées
Mais le plus beau c'est dans l'intervalle de certaines
    lettres
Où des mains plus blanches que la corne des étoiles à
    midi
Ravagent un nid d'hirondelles blanches
Pour qu'il pleuve toujours
Si bas si bas que les ailes ne s'en peuvent plus mêler
Des mains d'où l'on remonte à des bras si légers que la
    vapeur des prés dans ses gracieux entrelacs au-dessus
    des étangs est leur imparfait miroir

The Writings Move Away

The satin of the pages turned in books moulds a
  woman so beautiful
That when we are not reading we look on this woman
  with sadness
Without daring to speak to her without daring to tell
  her she is so beautiful
That what we are about to know is priceless
This woman passes imperceptibly in a noise of flowers
Sometimes she turns back in the printed seasons
And asks the time or else she pretends to look at
  jewels directly
In a way real creatures do not
And the world dies away a break occurs in the rings
  of the air
A rent in the region of the heart
The morning papers bring singing women whose
  voices are the colour of sand on gentle and danger-
  ous shores
And sometimes those of the evening usher in very
  young girls leading chained animals
But most beautiful of all is the space between certain
  letters
Where hands whiter than the cusp of stars at midday
Ravage a nest of white swallows
So it will rain for ever
So low so low that wings can no longer grapple with
  it
Hands from which you move up to arms so light
  that the mist of meadows in its graceful inter-
  twining above the pools is their imperfect mirror

Des bras qui ne s'articulent à rien d'autre qu'au danger
   exceptionnel d'un corps fait pour l'amour
Dont le ventre appelle les soupirs détachés des buis-
   sons pleins de voiles
Et qui n'a de terrestre que l'immense vérité glacée des
   traîneaux de regards sur l'étendue toute blanche
De ce que je ne reverrai plus
A cause d'un bandeau merveilleux
Qui est le mien dans le colin-maillard des blessures

Arms that are jointed to nothing other than the exceptional danger of a body made for love
Whose belly calls on the sighs plucked from the bushes full of veils
And about which the only earthbound thing is the great icy truth of the sleds of looks on the pure white expanse
Of what I shall never see again
Because of a marvellous blindfold
Which is mine in the blindman's-buff of wounds

from LE REVOLVER À CHEVEUX BLANCS, 1932

Un homme et une femme absolument blancs

Tout au fond de l'ombrelle je vois les prostituées
    merveilleuses
Leur robe un peu passée du côté du réverbère couleur
    des bois
Elles promènent avec elles un grand morceau de papier
    mural
Comme on ne peut en contempler sans serrement de
    cœur aux anciens étages d'une maison en démolition
Ou encore une coquille de marbre blanc tombée d'une
    cheminée
Ou encore un filet de ces chaînes qui derrière elles se
    brouillent dans les miroirs
Le grand instinct de la combustion s'empare des rues
    où elles se tiennent
Comme des fleurs grillées
Les yeux au loin soulevant un vent de pierre
Tandis qu'elles s'abîment immobiles au centre du
    tourbillon
Rien n'égale pour moi le sens de leur pensée
    inappliquée
La fraîcheur du ruisseau dans lequel leurs bottines
    trempent l'ombre de leur bec
La réalité de ces poignées de foin coupé dans lesquelles
    elles disparaissent
Je vois leurs seins qui mettent une pointe de soleil dans
    la nuit profonde
Et dont le temps de s'abaisser et de s'élever est la seule
    mesure exacte de la vie
Je vois leurs seins qui sont des étoiles sur des vagues
Leurs seins dans lesquels pleure à jamais l'invisible
    lait bleu

A Man and a Woman Absolutely White

In the depth of the sunshade I see the marvellous
    prostitutes
Their dress a little faded towards the lamplight the
    colour of woodlands
They carry with them as they walk a great fragment
    of wallpaper
Such as cannot be seen without heartache on the old
    floors of a house undergoing demolition
Or else a shell of white marble fallen from a mantel-
    shelf
Or else a net of those chains which behind them be-
    come blurred in the mirrors
The great instinct of combustion takes possession of
    the streets where they stand
Like grilled flowers
Their eyes in the distance raising a wind of stone
While they stand lost and still in the centre of the
    whirlwind
Nothing for me can equal their unapplied thought
The freshness of the streams in which their boots dip
    the shadows of their beaks
The reality of those handfuls of cut hay in which
    they disappear
I see their breasts that place a point of sunlight in the
    night's darkness
And the time these take to fall and rise is the only
    exact measure of life
I see their breasts which are stars on waves
Their breasts in which weeps for ever the invisible
    blue milk

from LE REVOLVER À CHEVEUX BLANCS, 1932

Vigilance

A Paris la tour Saint-Jacques chancelante
Pareille à un tournesol
Du front vient quelquefois heurter la Seine et son
    ombre glisse imperceptiblement parmi les remor-
    queurs
A ce moment sur la pointe des pieds dans mon som-
    meil
Je me dirige vers la chambre où je suis étendu
Et j'y mets le feu
Pour que rien ne subsiste de ce consentement qu'on
    m'a arraché
Les meubles font alors place à des animaux de même
    taille qui me regardent fraternellement
Lions dans les crinières desquels achèvent de se con-
    sumer les chaises
Squales dont le ventre blanc s'incorpore le dernier
    frisson des draps
A l'heure de l'amour et des paupières bleues
Je me vois brûler à mon tour je vois cette cachette
    solennelle de riens
Qui fut mon corps
Fouillée par les becs patients des ibis du feu
Lorsque tout est fini j'entre invisible dans l'arche
Sans prendre garde aux passants de la vie qui font
    sonner très loin leurs pas traînants
Je vois les arêtes du soleil
A travers l'aubépine de la pluie
J'entends se déchirer le linge humain comme une
    grande feuille

Vigilance

The tower of Saint-Jacques in Paris
Lurching like a sunflower
Sometimes butts the Seine with its brow and its
    shadow slips imperceptibly among the tugs
At that moment on tiptoe in my sleep
I make for the room where I am lying
And set it on fire
So that nothing may remain of the consent that was
    wrung from me
The furniture then gives place to animals of the same
    size who look upon me as a brother
Lions in whose fiery manes the chairs are finally con-
    sumed
Sharks whose white bellies incorporate the last
    quivering of the sheets
At the hour of love and blue eyelids
I see myself burning in turn I see that solemn hiding-
    place of nothings
That was my body
Probed by the patient beaks of the fire-ibis
When it is finished I enter invisible into the ark
Paying no attention to the passers-by of life whose
    dragging footsteps echo in the distance
I see the ridges of the sun
Across the may-blossom of the rain
I hear human linen being torn like a great leaf

Sous l'ongle de l'absence et de la présence qui sont de
    connivence
Tous les métiers se fanent il ne reste d'eux qu'une
    dentelle parfumée
Une coquille de dentelle qui a la forme parfaite d'un
    sein
Je ne touche plus que le cœur des choses je tiens le fil

Under the nails of absence and presence in connivance
All the looms wither there remains of them only a
   piece of perfumed lace
A scallop of lace that has the perfect shape of a
   breast
I touch only the heart of things now I hold the thread

from LE REVOLVER À CHEVEUX BLANCS, 1932

Dernière levée

La lettre que j'attends voyage incognito dans une
    enveloppe
Que son timbre recouvre et au delà
Ce timbre est oblitéré par le zodiaque
On a beaucoup de peine à déchiffrer mon nom dans
    sa dentelure
Quand elle me parviendra le soleil sera froid
Il y aura des épaves sur la place Blanche
Parmi lesquelles se distinguera mon courage
Pareil à un treuil d'écureuils
Je l'ouvrirai d'un coup de rame
Et je me mettrai à lire
Cela ne pourra manquer de provoquer un rassemble-
    ment
Mais je ne m'arrêterai pas
Les mots jamais entendus prendront le large
Ils seront de paille enflammée et luiront dans une cage
    d'amiante
Suspendue à l'arbre à devinettes
La lettre que j'attends sera de la couleur des voiliers
    éteints
Mais les nouvelles qu'elle m'apportera leurs formes
    de rosée
Je retrouverai dans ces formes tout ce que j'ai perdu
Ces lumières qui bercent les choses irréelles
Ces animaux dont les métamorphoses m'ont fait une
    raison
Ces pierres que je croyais lancées pour me dépister
    moi-même
Qu'elle est de petites dimensions cette lettre que
    j'attends
Pourvu qu'elle ne s'égare pas parmi les grains de
    poison

Last Post

The letter I'm expecting is travelling incognito in **an** envelope
Covered by its stamp and further
This stamp is obliterated by the zodiac
My name can hardly be made out in its markings
When it reaches me the sun will be cold
There will be wreckage on Place Blanche
Among which will be seen my courage
Like the quarrels of squirrels
I shall open it with the stroke of an oar
And I shall begin to read
This will inevitably cause a commotion
But I shall not stop
The unheard-of words will put out to sea
They will be of burning straw and will gleam in a cage of asbestos
Hung on a monkey-puzzle tree
The letter I'm expecting will be the colour of faded sailing-ships
But in the news it will bring me in its dewy forms
I shall recover all I have lost
Those lights that cradle unreal things
Those animals whose metamorphoses have formed my reason
Those stones I thought had been flung to throw me off the track
How small it is this letter I'm expecting
I hope it will not get lost among the grains of poison

from LE REVOLVER À CHEVEUX BLANCS, 1932

Violette Nozières

Tous les rideaux du monde tirés sur tes yeux
Ils auront beau
Devant leur glace à perdre haleine
Tendre l'arc maudit de l'ascendance et de la descen-
     dance
Tu ne ressembles plus à personne de vivant ni de mort
Mythologique jusqu'au bout des ongles
Ta prison est la bouée à laquelle ils s'efforcent
     d'atteindre dans leur sommeil
Tous y reviennent elle les brûle

Comme on remonte à la source d'un parfum dans la
     rue
Ils dévident en cachette ton itinéraire
La belle écolière du lycée Fénelon qui élevait des
     chauves-souris dans son pupitre
Le perce-neige du tableau noir
Regagne le logis familial où s'ouvre
Une fenêtre morale dans la nuit
Les parents une fois de plus se saignent pour leur
     enfant
On a mis le couvert sur la table d'opération
Le brave homme est noir pour plus de vraisemblance
Mécanicien dit-on de trains présidentiels
Dans un pays des pannes où le chef suprême de l'État
Lorsqu'il ne voyage pas à pied de peur des bicyclettes
N'a rien de plus pressé que de tirer le signal d'alarme
     pour aller s'ébattre en chemise sur le talus

Violette Nozières

With all the curtains of the world drawn over your
    eyes
It's no use whatever
In front of their breathless mirror
Their stretching the cursed bow of ancestry and
    posterity
You no longer resemble anyone living or dead
Mythological to your fingertips
Your prison is the mooring buoy they try to reach
    in their sleep
They all come back to it, it burns them

As one traces a perfume in the street to its source
They reel off your itinerary in secret
The lovely schoolgirl in the Lycée Fénelon who raised
    bats in her desk
The snowdrop of the blackboard
Returns to the family home where
A moral window opens in the night
The parents once more sweat blood for their child
The table has been laid on an operating table
The good man is in black for the sake of versimili-
    tude
The driver it is said of presidential trains
In a country of breakdowns where the high chief of
    state
When he doesn't go on foot for fear of bicycles
Is always in a hurry to pull the communication cord
    in order to go and frolic in his shirt-tail on the
    embankment

L'excellente femme a lu Corneille dans le livre de
    classe de sa fille
Femme française et l'a compris
Comme son appartement comprend un singulier
    cabinet de débarras
Où brille mystérieusement un linge
Elle n'est pas de celles qui glissent en riant vingt francs
    dans leur bas
Le billet de mille cousu dans l'ourlet de sa jupe
Lui assure une rigidité pré-cadavérique
Les voisins sont contents
Tout autour de la terre
Contents d'être les voisins

L'histoire dira
Que M. Nozières était un homme prévoyant
Non seulement parce qu'il avait économisé cent
    soixante-cinq mille francs
Mais surtout parce qu'il avait choisi pour sa fille un
    prénom dans la première partie duquel on peut
    démêler psychanalytiquement son programme
La bibliothèque de chevet je veux dire la table de nuit
N'a plus après cela qu'une valeur d'illustration

Mon père oublie quelquefois que je suis sa fille
            L'éperdu
Ce qui tout à la fois craint et rêve de se trahir
Mots couverts comme une agonie sur la mousse
Celui qui dit les avoir entendus de ta bouche brave
    tout ce qui vaut la peine d'être bravé

The excellent woman has read Corneille in her
    daughter's schoolbook
She's a Frenchwoman and she's understood him
Since her apartment includes a strange lumber-room
Where a certain piece of linen gleams mysteriously
She's not one of those who slip twenty francs with a
    laugh down their stocking
The thousand-franc note sewn into the hem of her
    skirt
Assures her of a pre-corpse rigidity
The neighbours are happy
All round the earth
Happy to be the neighbours

History will say
That M. Nozières was a provident man
Not only because he put by a hundred and sixty-five
    thousand francs
But especially because he gave his daughter a
    Christian name in the first part of which his in-
    tentions can be read psycho-analytically
The bedside library I mean the bedside table
Beside that has only illustrative value

My father sometimes forgets I am his daughter
                    Poor distracted man
What fears and at the same time dreams to reveal
    itself
Words hushed like an agony on moss
He that says he heard them from your mouth braves
    all that's worth being braved

Cette sorte de courage est aujourd'hui le seul
Il nous dédommage à lui seul de cette ruée vers une
    tonnelle de capucines
Qui n'existe plus
Tonnelle belle comme un cratère

Mais quel secours
Un autre homme à qui tu faisais part de ta détresse
Dans un lit un homme qui t'avait demandé le plaisir
Le don toujours incomparable de la jeunesse
Il a reçu ta confidence parmi tes caresses
Fallait-il que ce passant fût obscur
Vers toi n'a su faire voler qu'une gifle dans la nuit
    blanche

Ce que tu fuyais
Tu ne pouvais le perdre que dans les bras du hasard
Qui rend si flottantes les fins d'après-midis de Paris
    autour des femmes aux yeux de cristal fou
Livrées au grand désir anonyme
Auquel fait merveilleusement uniquement
Silencieusement écho
Pour nous le nom que ton père t'a donné et ravi

On glisse où s'est posé ton haut talon de sucre

Tout est égal qu'ils fassent ou non semblant de ne pas
    en convenir
Devant ton sexe ailé comme une fleur des Catacombes
Étudiants vieillards journalistes pourris faux révolu-
    tionnaires prêtres juges
Avocats branlants
Ils savent bien que toute hiérarchie finit là

This kind of courage is the only one today
In itself it compensates us for that rush towards a
  bower of nasturtiums
That no longer exists
A bower beautiful as a crater

But what help is there
Another man you told of your distress
In a bed a man who'd asked you for pleasure
The always incomparable gift of youth
Received your secret among your caresses
That passing stranger must truly have been obscure
The most he was inspired to do was to slap your face
  in the white night

What you were running away from
You could lose it only in the arms of chance
That makes the endings of Paris afternoons so
  fluctuant round the women with the mad crystal
  eyes
Abandoned to the great anonymous desire
To which for us marvellously and uniquely
Silently echoes
The name your father gave you and ravished

The ground is slippery where has your high heel of
  sugar poised

Everything's equal whether they pretend to deny it
  or not
Before your sex winged like a flower of the Catacombs
Students old men seedy journalists false revolu-
  tionaries priests and judges
Shaky lawyers
They know very well all hierarchy finishes there

Pourtant un jeune homme t'attendait énigmatique à
   une terrasse de café
Ce jeune homme qui au Quartier Latin vendait paraît-
   il entre temps l'*Action française*
Cesse d'être mon ennemi puisque tu l'aimais
Vous auriez pu vivre ensemble bien qu'il soit si difficile
   de vivre avec son amour
Il t'écrivait en partant *Vilaine chérie*
C'est encore joli
Jusqu'à plus ample informé l'argent enfantin n'est que
   l'écume de la vague

Longtemps après la cavalerie et la chevalerie des
   chiens
Violette
La rencontre ne sera plus poétiquement qu'une femme
   seule dans les bosquets introuvables du Champ-de-
   Mars
Assise les jambes en X sur une chaise jaune

Yet a young man was waiting for you enigmatic on
    a café terrace
This young man who sold it seems in the Latin Quarter
    Action française
Ceases to be my enemy because you loved him
You might have lived together though it is so difficult
    to live with one's love
When he left he wrote you : Filthy Little Darling
That's still pretty
Until further information is received childish silver
    is only the foam of the wave

For long after the cavalry and the chivalry of dogs
Violette
The encounter will be poetically only a woman alone
    in the hidden groves of the Champ-de-Mars
Sitting with X-ed legs on a yellow chair

from VIOLETTE NOZIÈRES, 1933

Au beau demi-jour

Au beau demi-jour de 1934
L'air était une splendide rose couleur de rouget
Et la forêt quand je me préparais à y entrer
Commençait par un arbre à feuilles de papier à
    cigarettes
Parce que je t'attendais
Et que si tu te promènes avec moi
N'importe où
Ta bouche est volontiers la nielle
D'où repart sans cesse la roue bleue diffuse et brisée
    qui monte
Blêmir dans l'ornière
Tous les prestiges se hâtaient à ma rencontre
Un écureuil était venu appliquer son ventre blanc
    sur mon cœur
Je ne sais comment il se tenait
Mais la terre était pleine de reflets plus profonds que
    ceux de l'eau
Comme si le métal eût enfin secoué sa coque
Et toi couchée sur l'effroyable mer de pierreries
Tu tournais
Nue
Dans un grand soleil de feu d'artifice
Je te voyais descendre lentement des radiolaires
Les coquilles même de l'oursin j'y étais
Pardon je n'y étais déjà plus
J'avais levé la tête car le vivant écrin de velours blanc
    m'avait quitté
Et j'étais triste

In the Lovely Half-light

In the lovely half-light of 1934
The air was a splendid rose the colour of red mullet
And the forest when I made ready to enter it
Began with a tree that had cigarette-paper leaves
For I was waiting for you
And if you walk with me
Anywhere
Your mouth becomes easily the niello
From which unceasingly moves out the blue diffused
     and broken wheel that rises
To pale away in the rut
All marvels came hastening to meet me
A squirrel had come to press its white belly on my
     heart
God knows how it held there
But the earth was full of reflections deeper than those
     of water
As if metal had cast off its shell at last
And you lying on the terrible sea of dazzling stones
You turned
Naked
In a great firework sun
I saw you coming down slowly from the radiolaria
The very shells of the sea-urchin I was there
I'm sorry I was there no longer
I had raised my head for the living case of white
     velvet had left me
And I was sad

Le ciel entre les feuilles luisait hagard et dur comme
   une libellule
J'allais fermer les yeux
Quand les deux pans du bois qui s'étaient brusquement
   écartés s'abattirent
Sans bruit
Comme les deux feuilles centrales d'un muguet
   immense
D'une fleur capable de contenir toute la nuit
J'étais où tu me vois
Dans le parfum sonné à toute volée
Avant qu'elles ne revinssent comme chaque jour à la
   vie changeante
J'eus le temps de poser mes lèvres
Sur tes cuisses de verre

The sky among the leaves shone wild and hard as a
 dragonfly
I was about to close my eyes
When the two ends of the wood that had suddenly
 moved apart closed in again
Noiselessly
Like the two central leaves of an immense lily of the
 valley
A flower capable of holding all the night
I was where you see me
In the perfume ringing at full peal
Before they came back as every day to changing life
I had the time to place my lips
On your thighs of glass

from L'AIR DE L'EAU, 1934

On me dit que là-bas

On me dit que là-bas les plages sont noires
De la lave allée à la mer
Et se déroulent au pied d'un immense pic fumant de
    neige
Sous un second soleil de serins sauvages
Quel est donc ce pays lointain
Qui semble tirer toute sa lumière de ta vie
Il tremble bien réel à la pointe de tes cils
Doux à ta carnation comme un linge immatériel
Frais sorti de la malle entr'ouverte des âges
Derrière toi
Lançant ses derniers feux sombres entre tes jambes
Le sol du paradis perdu
Glace de ténèbres miroir d'amour
Et plus bas vers tes bras qui s'ouvrent
A la preuve par le printemps
D'APRÈS
De l'inexistence du mal
Tout le pommier en fleur de la mer

They Tell Me Over There

They tell me over there the beaches are black
With lava that's gone down to the sea
And stretch out at the foot of a huge peak smoking
      with snow
Under a second sun of wild canaries
What then is this distant country
That seems to derive all its light from your life
It trembles very real at the tip of your eyelashes
Soft to the colour of your skin as an immaterial linen
Newly taken from the open trunk of the ages
Behind you
Casting its last dark flames between your legs
The ground of paradise lost
Ice of darkness mirror of love
And lower down towards your arms that open wide
To the proof of spring
Of AFTERWARDS
And the non-existence of evil
All the apple-blossom of the sea

from L'AIR DE L'EAU, 1934

Toujours pour la première fois

Toujours pour la première fois
C'est à peine si je te connais de vue
Tu rentres à telle heure de la nuit dans une maison
   oblique à ma fenêtre
Maison tout imaginaire
C'est là que d'une seconde à l'autre
Dans le noir intact
Je m'attends à ce que se produise une fois de plus la
   déchirure fascinante
La déchirure unique
De la façade et de mon cœur
Plus je m'approche de toi
En réalité
Plus la clé chante à la porte de la chambre inconnue
Où tu m'apparais seule
Tu es d'abord tout entière fondue dans le brillant
L'angle fugitif d'un rideau
C'est un champ de jasmin que j'ai contemplé à l'aube
   sur une route des environs de Grasse
Avec ses cueilleuses en diagonale
Derrière elles l'aile sombre tombante des plants
   dégarnis
Devant elles l'équerre de l'éblouissant
Le rideau invisiblement soulevé
Rentrent en tumulte toutes les fleurs
C'est toi aux prises avec cette heure trop longue
   jamais assez trouble jusqu'au sommeil
Toi comme si tu pouvais être
La même à cela près que je ne te rencontrerai peut-
   être jamais

Always for the First Time

Always for the first time
I hardly know you by sight
You return at some hour of the night to a house
    aslant my window
A house quite imaginary
It is there that any instant
In the virgin darkness
I wait for the fascinating laceration to occur once
    more
The unique laceration
Of the façade and my heart
The more I approach you
In reality
The more the key sings in the door of the unknown
    room
Where you appeared to me alone
At first you are quite lost in the brilliance
The fugitive angle of a curtain
Is a field of jasmin I saw at dawn on a road in the
    region of Grasse
With its pickers diagonal
Behind them the dark falling wing of the stripped
    plants
Before them the square ablaze
The curtain invisibly raised
Tumultuous all the flowers rush in
It is you grappling with that hour too long never
    enough confused till sleep
You as though you could be
The same except that I shall perhaps never meet you

Tu fais semblant de ne pas savoir que je t'observe
Merveilleusement je ne suis plus sûr que tu le sais
Ton désœuvrement m'emplit les yeux de larmes
Une nuée d'interprétations entoure chacun de tes
   gestes
C'est une chasse à la miellée
Il y a des rocking-chair sur un pont il y a des
   branchages qui risquent de t'égratigner dans la
   forêt
Il y a dans une vitrine rue Notre-Dame-de-Lorette
Deux belles jambes croisées prises dans de hauts bas
Qui s'évasent au centre d'un grand trèfle blanc
Il y a une échelle de soie déroulée sur le lierre
Il y a
Qu'à me pencher sur le précipice
De la fusion sans espoir de ta présence et de ton
   absence
J'ai trouvé le secret
De t'aimer
Toujours pour la première fois

You pretend not to notice I am watching you
Marvellously I am no longer sure you know
Your idleness fills my eyes with tears
A swarm of interpretations surrounds each one of
    your gestures
It is the hunt for honey dew
There are rocking-chairs on a deck there are branches
    that could scratch you in the forest there are
In a shop-window in the rue Notre-Dame-de-Lorette
Two beautiful crossed legs in long stockings
That flare out in the centre of a great white clover
There is a silken ladder unrolled on the ivy
There is
Only the need for me to lean over the precipice
Of the hopeless fusion of your presence and your
    absence
I have found the secret
Of loving you
Always for the very first time

from L'AIR DE L'EAU, 1934

La maison d'Yves

La maison d'Yves Tanguy
Où l'on n'entre que la nuit

Avec la lampe-tempête

Dehors le pays transparent
Un devin dans son élément

Avec la lampe-tempête
Avec la scierie si laborieuse qu'on ne la voit plus

Et la toile de Jouy du ciel
– Vous, chassez le surnaturel

Avec la lampe-tempête
Avec la scierie si laborieuse qu'on ne la voit plus
Avec toutes les étoiles de sacrebleu

Elle est de lassos, de jambages
Couleur d'écrevisse à la nage

Avec la lampe-tempête
Avec la scierie si laborieuse qu'on ne la voit plus
Avec toutes les étoiles de sacrebleu
Avec les tramways en tous sens ramenés à leurs seules
    antennes

L'espace lié, le temps réduit
Ariane dans sa chambre-étui

The House of Yves

The house of Yves Tanguy
One can enter at night only

With the storm-lamp

Outside, the land transparent
A seer in his element

With the storm-lamp
With the sawmill so active one can no longer see it

And the willow-pattern of the sky
– You, hunt the mystery

With the storm-lamp
With the sawmill so active one can no longer see it
With all the damned blue stars

It's made of lassos and loops on a page
The colour of crayfish *à la nage*

With the storm-lamp
With the sawmill so active one can no longer see it
With all the damned blue stars
With the tramcars in all directions reduced to their
  wires

Bound space, restricted time
Ariane in her jewelbox room

Avec la lampe-tempête
Avec la scierie si laborieuse qu'on ne la voit plus
Avec toutes les étoiles de sacrebleu
Avec les tramways en tous sens ramenés à leurs seules
    antennes
Avec la crinière sans fin de l'argonaute

Le service est fait par des sphinges
Qui se couvrent les yeux de linges

Avec la lampe-tempête
Avec la scierie si laborieuse qu'on ne la voit plus
Avec toutes les étoiles de sacrebleu
Avec les tramways en tous sens ramenés à leurs seules
    antennes
Avec la crinière sans fin de l'argonaute
Avec le mobilier fulgurant du désert

On y meurtrit on y guérit
On y complote sans abri

Avec la lampe-tempête
Avec la scierie si laborieuse qu'on ne la voit plus
Avec toutes les étoiles de sacrebleu
Avec les tramways en tous sens ramenés à leurs seules
    antennes
Avec la crinière sans fin de l'argonaute
Avec le mobilier fulgurant du désert
Avec les signes qu'échangent de loin les amoureux

C'est la maison d'Yves Tanguy

With the storm-lamp
With the sawmill so active one can no longer see it
With all the damned blue stars
With the tramcars in all directions reduced to their
    wires
With the endless mane of the argonaut

The service is run by sphinxes (female)
Who cover their eyes with a linen veil

With the storm-lamp
With the sawmill so active one can no longer see it
With all the damned blue stars
With the tramcars in all directions reduced to their
    wires
With the endless mane of the argonaut
With the coruscating furniture of the desert

You bruise there you heal there
You plot without shelter

With the storm-lamp
With the sawmill so active one can no longer see it
With all the damned blue stars
With the tramcars in all directions reduced to their
    wires
With the endless mane of the argonaut
With the coruscating furniture of the desert
With the signs exchanged by lovers across a distance

This is the house of Yves Tanguy

1935–40

Plein marge

A Pierre Mabille

Je ne suis pas pour les adeptes
Je n'ai jamais habité au lieudit La Grenouillère
La lampe de mon cœur file et bientôt hoquète à
    l'approche des parvis

Je n'ai jamais été porté que vers ce qui ne se tenait pas
    à carreau
Un arbre élu par l'orage
Le bateau de lueurs ramené par un mousse
L'édifice au seul regard sans clignement du lézard et
    mille frondaisons

Je n'ai vu à l'exclusion des autres que des femmes qui
    avaient maille à partir avec leur temps
Ou bien elles montaient vers moi soulevées par les
    vapeurs d'un abîme
Ou encore absentes il y a moins d'une seconde elles
    me précédaient du pas de la Joueuse de tympanon
Dans la rue au moindre vent où leurs cheveux por-
    taient la torche

Entre toutes cette reine de Byzance aux yeux passant
    de si loin l'outre-mer
Que je ne me retrouve jamais dans le quartier des
    Halles où elle m'apparut
Sans qu'elle se multiplie à perte de vue dans les glaces
    des voitures des marchandes de violettes

Entre toutes l'enfant des cavernes son étreinte pro-
    longeant de toute la vie la nuit esquimau

Full Margin

For Pierre Mabille

I've never had much to say for adepts
I've never lived at the place called La Grenouillère
The lamp of my heart smokes and soon sputters when
    it comes near churches

I've never been attracted to anything that didn't
    throw caution to the winds
A tree chosen by the storm
The ship of glimmerings brought back by a cabin-boy
The structure of the lizard's unique unblinking gaze
    and myriad foliage

I've seen to the exclusion of all others only women
    at odds with their time
Either they rose towards me borne on the vapours of
    an abyss
Or else absent less than a second ago they went
    before me with the step of the Dulcimer Player
In the street of the least wind where their hair bore
    the torch

Above all that queen of Byzantium with the eyes so
    much deeper than ultramarine
That I never find myself in the district of Les Halles
    where she first appeared to me
Without her infinitely multiplying herself in the
    carriage-mirrors of the violet-sellers

Above all the cave-child her embrace prolonging with
    the whole of life the eskimo night

Quand déjà le petit jour hors d'haleine grave son renne sur la vitre

Entre toutes la religieuse aux lèvres de capucine
Dans le car de Crozon à Quimper
Le bruit de ses cils dérange la mésange charbonnière
Et le livre à fermoir va glisser de ses jambes croisées

Entre toutes l'ancienne petite gardienne ailée de la Porte
Par laquelle les conjectures se faufilent entre les pousse-pousse
Elle me montre alignées des caisses aux inscriptions idéographiques le long de la Seine
Elle est debout sur l'œuf brisé du lotus contre mon oreille

Entre toutes celle qui me sourit du fond de l'étang de Berre
Quand d'un pont des Martigues il lui arrive de suivre appuyée contre moi la lente procession des lampes couchées
En robe de bal des méduses qui tournoient dans le lustre
Celle qui feint de ne pas être pour tout dans cette fête
D'ignorer ce que cet accompagnement repris chaque jour dans les deux sens a de votif

Entre toutes

When already the breathless dawn engraves its rein-
deer on the windowpane

Above all the nun with the nasturtium lips
In the bus from Crozon to Quimper
The noise of her eyelashes disturbs the tomtit
And the book with the clasp is about to slip from her
crossed legs

Above all the little winged ex-guardian of the Gate
Through which conjectures slip among the rickshaws
She shows me cases inscribed with ideograms lined
along the Seine
She stands upright on the broken egg of the lotus close
to my ear

Above all she who smiles at me from the depths of the
Étang de Berre
When as happens now and then leaning against me
she follows from a Martigues bridge the slow pro-
cession of the dormant lamps
Dressed for the ball like the medusae in the chan-
delier
She who pretends not to be the centre of this festival
And to be unaware of the votive nature of this
accompaniment resumed every day in both direc-
tions

Above all

Je reviens à mes loups à mes façons de sentir
Le vrai luxe
C'est que le divan capitonné de satin blanc
Porte l'étoile de la lacération

Il me faut ces gloires du soir frappant de biais votre
    bois de lauriers

Les coquillages géants des systèmes tout érigés qui se
    présentent en coupe irrégulière dans la campagne
Avec leurs escaliers de nacre et leurs reflets de vieux
    verres de lanternes
Ne me retiennent qu'en fonction de la part de vertige
Faite à l'homme qui pour ne rien laisser échapper de
    la grande rumeur
Parfois est allé jusqu'à briser le pédalier

Je prends mon bien dans les failles du roc là où la mer
Précipite ses globes de chevaux montés de chiens qui
    hurlent
Où la conscience n'est plus le pain dans son manteau
    de roi
Mais le baiser le seul qui se recharge de sa propre
    braise

Et même des êtres engagés dans une voie qui n'est pas
    la mienne
Qui est à s'y méprendre le contraire de la mienne
Elle s'ensable au départ dans la fable des origines
Mais le vent s'est levé tout à coup les rampes se sont
    mises à osciller grandement autour de leur pomme
    irisée
Et pour eux ç'a été l'univers défenestré

I come back to myself to my lone-wolf ways of
    feeling
The real luxury
Is that the divan quilted with white satin
Bear the star of laceration

I need those evening glories that strike athwart your
    laurel wood

The giant shells of built-up systems that crop up in
    asymmetrical sections in the countryside
With their mother-of-pearl stairways and their reflec-
    tions of old lantern-panes
Interest me only for the element of vertigo
They give to man who in order to lose nothing of the
    great murmuring
Has at times gone so far as to break the pedal-board

I draw my riches from the fissures in the rock where
    the sea
Hurls its orbs of horses mounted by howling dogs
Where conscience is no longer bread in its royal robe
But a kiss the only kiss that can be recharged from its
    own embers

And even beings who have entered on a way which
    is not mine
Which is to all appearances the opposite of mine
It silts up at the starting-point in the fable of origins
But the wind has risen suddenly the staircases have
    begun to oscillate wildly round their iridescent
    knobs
And for them that's meant the world defenestrated

Sans plus prendre garde à ce qui ne devrait jamais finir
Le jour et la nuit échangeant leurs promesses
Ou les amants au défaut du temps retrouvant et per-
    dant la bague de leur source

O grand mouvement sensible par quoi les autres
    parviennent à être les miens
Même ceux-là dans l'éclat de rire de la vie tout
    encadrés de bure
Ceux dont le regard fait un accroc rouge dans les
    buissons de mûres
M'entraînent m'entraînent où je ne sais pas aller
Les yeux bandés tu brûles tu t'éloignes tu t'éloignes
De quelque manière qu'ils aient frappé leur couvert
    est mis chez moi

Mon beau Pélage couronné de gui ta tête droite sur
    tous ces fronts courbés

Joachim de Flore mené par les anges terribles
Qui à certaines heures aujourd'hui rabattent encore
    leurs ailes sur les faubourgs
Où les cheminées fusent invitant à une résolution plus
    proche dans la tendresse
Que les roses constructions heptagonales de Giotto

Maître Eckhardt mon maître dans l'auberge de la
    raison
Où Hegel dit à Novalis Avec lui nous avons tout ce
    qu'il nous faut et ils partent
Avec eux et le vent j'ai tout ce qu'il me faut

No longer minding what ought never to end
Day and night exchanging their promises
Or lovers for want of time recovering and losing the
  ring of their source

O great sensitive movement by which others come to
  be mine
Even those in the laughter of life framed in religious
  homespun
Those whose look makes a crimson gash in the
  bramble bushes
Carry me sweep me away where I do not know how
  to go
Eyes blindfolded you burn you recede you recede
In whatever way they struck they have a place at my
  table

My fine Pelagius crowned with mistletoe your head
  erect over those bended brows

Joachim of Floris lead by the terrible angels
Who at certain hours even today fold their wings
  over the suburbs
Where the chimneys erupt calling for a resolution
  nearer to tenderness
Than the rosy heptagonal constructions of Giotto

Meister Eckhart my master at the inn of reason
Where Hegel says to Novalis With him we have all
  we need and they leave
With them and the wind I have all I need

Jansénius oui je vous attendais prince de la rigueur
Vous devez avoir froid
Le seul qui de son vivant réussit à n'être que son ombre
Et de sa poussière on vit monter menaçant toute la
    ville la fleur du spasme
Pâris le diacre

La belle la violée la soumise l'accablante La Cadière

Et vous messieurs Bonjour
Qui en assez grande pompe avez bel et bien crucifié
    deux femmes je crois
Vous dont un vieux paysan de Fareins-en-Dôle
Chez lui entre les portraits de Marat et de la Mère
    Angélique
Me disait qu'en disparaissant vous avez laissé à ceux
    qui sont venus et pourront venir
Des provisions pour longtemps

                    Salon-Martigues, septembre 1940

Jansen yes I was expecting you prince of severity
You must be cold
The only man who in his lifetime succeeded in being
    only his shadow
And from his dust was seen rising and threatening
    the entire city the flower of spasm
Paris the deacon

The lovely raped submissive overwhelming La Cadière

And you Messrs Bonjour
Who really and truly crucified two women I think
You concerning whom an old peasant of Fareins-en-
    Dôle
In his home between the portraits of Marat and the
    Mère Angélique
Told me that in disappearing you had left those who
    have come and may yet come
With provisions for long enough

                    Salon-Martigues, September 1940

La moindre rançon

Au pays d'Elisa

Toi qui ronges la plus odorante feuille de l'atlas
                       Chili
Chenille du papillon-lune*

Toi dont toute la structure épouse
La tendre cicatrice de rupture de la lune avec la
    terre†
                       Chili des neiges
Comme le drap qu'une belle rejette en se levant

Dans un éclair le temps de découvrir
De toute éternité ce qui me prédestine à toi
                       Chili
De la lune en septième maison dans mon thème astral

Je vois la Vénus du Sud
Naissant non plus de l'écume de la mer
Mais d'un flot d'azurite à Chuquicamata
                       Chili
Des boucles d'oreilles araucanes en puits de lune

* C'est un grand papillon vert amande finissant en clé de sol qui passe vers minuit. Je ne le connaissais pas avant de me rendre en Amérique. Il me visita peu après dans une maison située en plein bois. Sa venue et son insistance me parurent augurales.

† 'Los géologos han descubierto un hecho adicional que presta una fuerte base a la hypotesis de que la cuenca del Pacífico es realmente el "agujero" dejado en la superficie de la Tierra por la separación de su satélite.' (George Gamow: *Biografía de la Tierra*.)

The Least Ransom

In the land of Elisa

You who nibble the most fragrant leaf of the atlas
                    Chile
Caterpillar of the moon-moth*

You whose shape follows
The tender scar marking the rupture of the moon
    from the earth†
                    Chile of the snows
Like the sheet a lovely woman throws back as she
    rises

In a flash the time to discover
What from all eternity has predestined me to you
                    Chile
Of the moon in the seventh house in my astral chart

I see the Venus of the South
No longer born from the ocean foam
But from a flood of blue copper ore at Chuquicamata
                    Chile
Of the araucanian moon-pit earrings

* It's a big almond-green butterfly whose body ends in the
shape of a G clef and which passes around midnight. I didn't
know it before going to America. It visited me shortly after
my arrival in a house in the heart of the woods. Its coming
and its insistence seemed an omen.

† 'Geologists have discovered an additional fact which
strongly supports the hypothesis that the Pacific basin really
is the "scar" left on the earth's surface at the time of the
separation of its satellite.' (George Gamow: *Biography of the
Earth*.)

Toi qui prêtes aux femmes les plus beaux yeux de
    brume
Touchés d'une plume de condor
                    Chili
Du *regard des Andes* on ne saurait mieux dire

Accorde l'orgue de mon cœur aux stridences des hauts
    voiliers de stalactites
Vers le cap Horn
                    Chili
Debout sur un miroir

Et rends-moi ce qu'elle est seule à tenir
Le brin de mimosa encore frémissant dans l'ambre
                    Chili des *catéadores*
Terre de mes amours

You who endow your women with the loveliest misty
    eyes
Flecked with a condor's feather
               Chile
Of the *Andes' look* an ideal expression

Tune the organ of my heart to the howlings of the
    tall windjammers of stalactite
Down by Cape Horn
               Chile
Erect on a mirror

And give me back what she alone possesses
The sprig of mimosa still trembling in the amber
               Chile of the *catéadores*
Land of my love

from XÉNOPHILES, 1945

Sur la Route de San Romano

La poésie se fait dans un lit comme l'amour
Ses draps défaits sont l'aurore des choses
La poésie se fait dans les bois

Elle a l'espace qu'il lui faut
Pas celui-ci mais l'autre que conditionnent
    L'œil du milan
    La rosée sur une prêle
    Le souvenir d'une bouteille de Traminer
       embuée sur un plateau d'argent
    Une haute verge de tourmaline sur la mer
    Et la route de l'aventure mentale
    Qui monte à pic
    Une halte elle s'embroussaille aussitôt

Cela ne se crie pas sur les toits
Il est inconvenant de laisser la porte ouverte
Ou d'appeler des témoins

    Les bancs de poissons les haies de mésanges
    Les rails à l'entrée d'une grande gare
    Les reflets des deux rives
    Les sillons dans le pain
    Les bulles du ruisseau
    Les jours du calendrier
    Le millepertuis

On the Road to San Romano

Poetry is made in a bed like love
Its rumpled sheets are the dawn of things
Poetry is made in the woods

It has the space it needs
Not this one but the other governed
      By the red gunnard's eye
      Dew on a bog-rush
      The memory of a clouded bottle of Tra-
         miner on a silver tray
      A high column of tourmaline over the sea
      And the road of mental adventure
      Rising steeply
      One halt and it's immediately overgrown

This isn't for shouting over the rooftops
It's wrong to leave the door ajar
Or to call for witnesses

      Banks of fish nests of tomtits
      The rails at the approach to a mainline
         station
      The reflections of both riverbanks
      The ridges on a loaf of bread
      The foam bubbles in a stream
      The days of the calendar
      Aaron's beard

L'acte d'amour et l'acte de poésie
Sont incompatibles
Avec la lecture du journal à haute voix

> Le sens du rayon de soleil
> La lueur bleue qui relie les coups de hache
> du bûcheron
> Le fil du cerf-volant en forme de cœur ou
> de nasse
> Le battement en mesure de la queue des
> castors
> La diligence de l'éclair
> Le jet de dragées du haut des vieilles marches
> L'avalanche

La chambre aux prestiges
Non messieurs ce n'est pas la huitième Chambre
Ni les vapeurs de la chambrée un dimanche soir

> Les figures de danse exécutées en transpa-
> rence au-dessus des mares
> La délimitation contre un mur d'un corps de
> femme au lancer de poignards
> Les volutes claires de la fumée
> Les boucles de tes cheveux
> La courbe de l'éponge des Philippines
> Les lacés du serpent corail
> L'entrée du lierre dans les ruines
> *Elle a tout le temps devant elle*

L'étreinte poétique comme l'étreinte de chair
Tant qu'elle dure
Défend toute échappée sur la misère du monde

The act of love and the act of poetry
Are incompatible
With the reading aloud of newspapers

> The direction of the sunbeam
> The blue gleam that links the axe-strokes of
> the woodsman
> The string of the heart-shaped snare-shaped
> kite
> The rhythmic beat of beavers' tails
> The diligence of lightning
> The throwing of sugar almonds from the top
> of old staircases
> The avalanche

The chamber of miracles
No gentlemen it is not the Eighth Chamber
Nor the haziness of barrack-rooms on Sunday evenings

> The dance-figures performed in transparency
> over ponds
> The shape of a woman's body traced by
> daggers cast on a wall
> The clear whorlings of smoke
> The curls of your hair
> The curve of Philippino sponge
> The writhings of the coral serpent
> The encroachment of ivy on ruins
> *All time lies before it*

The poetic embrace like the sexual embrace
While it lasts
Forbids all surveyance of the world's misery

from OUBLIÉS, 1948

SELECTED BIBLIOGRAPHY

A list of the principal works of André Breton, with the
dates of their first appearance

MONT DE PIÉTÉ (Au Sans Pareil, Paris, 1919)

LES CHAMPS MAGNÉTIQUES, with P. Soupault (Au Sans
Pareil, Paris, 1921)

CLAIR DE TERRE (Collection Littérature, Paris, 1923)

LES PAS PERDUS (Gallimard, Paris, 1924)

MANIFESTE DU SURRÉALISME (Éditions du Sagittaire,
Paris, 1924. Definitive edition with the later mani-
festos : J. J. Pauvert, Paris, 1962)

LÉGITIME DÉFENSE (Éditions Surréalistes, Paris, 1926)

INTRODUCTION AU DISCOURS SUR LE PEU DE RÉALITÉ
Gallimard, Paris, 1927)

LE SURRÉALISME ET LA PEINTURE (Gallimard, Paris,
1928. The latest revised and augmented edition is :
Gallimard, Paris, 1965)

NADJA (Gallimard, Paris, 1928. Entirely revised : Galli-
mard, Paris, 1963)

L'IMMACULÉE CONCEPTION, with P. Eluard (Éditions
Surréalistes, Paris, 1930)

L'UNION LIBRE (Paris, 1931)

LE REVOLVER À CHEVEUX BLANCS (Éditions des Cahiers
Libres, Paris, 1932)

LES VASES COMMUNICANTS (Éditions des Cahiers Libres,
Paris, 1932)

POINT DU JOUR (Gallimard, Paris, 1934)

L'AMOUR FOU (Gallimard, Paris, 1937)

ANTHOLOGIE DE L'HUMOUR NOIR (Éditions du Sagittaire,
Paris, 1940)

FATA MORGANA (Sur, Éditions des Lettres Françaises,
Buenos Aires, 1942)

SITUATION DU SURRÉALISME ENTRE LES DEUX GUERRES
(Fontaine, Algiers, 1945)

ARCANE 17 (Brentano's, New York, 1945)

YOUNG CHERRY TREES SECURED AGAINST HARES (bilingual; View, New York, 1946)

ODE À CHARLES FOURIER (Fontaine, Paris, 1947)

MARTINIQUE, CHRAMEUSE DE SERPENTS (Editions du Sagittaire, Paris, 1948)

LA LAMPE DANS L'HORLOGE (Robert Marin, Paris, 1948)

POÈMES (Gallimard, Paris, 1948)

FLAGRANT DÉLIT (Éditions Thésée, Paris, 1949)

ENTRETIENS (with A. Parinaud, Gallimard, Paris, 1952)

LA CLÉ DES CHAMPS (Sokolova, Paris, 1953)

L'ART MAGIQUE (Club Français du Livre, Paris, 1957)

Translations

LIMITS NOT FRONTIERS OF SURREALISM, translated by Herbert Read in *Surrealism*, ed. by Herbert Read (Faber, London, 1936)

WHAT IS SURREALISM?, translated by D. Gascoyne (Faber, London, 1936)

NADJA, translated by R. Howard (Grove Press Evergreen, New York and London, 1960)

SEVEN POEMS, translated by N. Tarn and K. White, *Modern Poetry in Translation*, no. 2 (London, 1966)

MANIFESTOES OF SURREALISM, translated by Richard Seaver and Helen R. Lane (University of Michigan Press, Ann Arbor, 1969)

SURREALISM AND PAINTING, translated by S. Watson-Taylor, in preparation

ODE TO CHARLES FOURIER, translated by K. White, in preparation

THE AUTHOR

André Breton was born at Tinchebray, Orne, on February 18th, 1896. He began medical studies but was mobilized in 1915 and served in various psychiatric wards. A friend of Paul Valéry, Jacques Vaché and Guillaume Apollinaire, Breton participated in the Dada Movement between 1919 and 1921 and met Freud in Vienna in the latter year. The 'twenties and 'thirties are studded with the names of magazines edited by Breton and the Surrealists: *Littérature* (1922); *La Révolution Surréaliste* (1924); *Le Surréalisme au service de la révolution* (1930); *Minotaure* (1932); with Breton's theoretical manifestos, 1924 and 1930 principally; with international manifestations and exhibitions, as in Prague (1935), London (1936), Paris (1938); and, above all, with Breton's own poetry: *Nadja* (1928), *L'Immaculée Conception* (1930) and *L'Amour Fou* (1937). In 1938, after his quarrel with the Communist Party in August 1935, Breton met Diego Rivera and Leon Trotsky in Mexico and founded the Fédération internationale de l'art révolutionnaire indépendant. After trouble with the Vichy regime in 1940, Breton left for the United States in 1941 and resumed surrealist activities with Marcel Duchamp, Max Ernst and many others in New York. After provoking a general strike in Haiti (1945), Breton returned to Paris in 1946 and organized an international exhibition in 1947, the date of his *Ode à Charles Fourier*. From then until his death in 1966 he continued his indefatigable activity at the head of the Surrealist Movement.